# HOMELIE XXVII.

POUR

LE DIMANCHE

DE LA SEXAGESIME.

SUR

# LE DELUGE.

*Par M. le Curé de S. Sulpice de Paris.*

A PARIS,
Chez RAYMOND MAZIERES, ruë S. Jacques, prés la ruë de la Parcheminerie à la Providence.

M. DCCVIII.
AVEC APPROBATION ET PRIVILEGE DU ROY.

# HOMELIE VINGT-SEPTIÉME SUR LE DELUGE.

DIMANCHE dernier nous vous parlâmes, mes tres-chers freres, de la creation du monde, & de la chute du premier homme : aujourd'huy nous vous parlerons de la destruction du monde, & de la ruine du genre humain. A peine sept ou huit generations furent-elles passées, que la terre se trouva couverte de crimes, & qu'un déluge de peché présagea le deluge d'eau, qui devoit en être la suite & la punition. Mais comme nous ne sçavons rien de ce premier âge du monde, qui s'écoula depuis Adam jusqu'à Noë, & qui dura seize cens cinquante six ans, que ce qu'il a plu à Dieu de nous en reveler dans ses Ecritures, toûjours succintes à nôtre préſomptueuſe curioſité ; mais toûjours ſuffiſantes à nôtre inſtruction : & qu'il ne nous en eſt reſté aucune Hiſtoire, ny monument, ni rien en un mot, ſinon quelques idées confuſes d'un âge d'or, d'une guerre de Geans, & d'un deluge, que les anciens Poëtes ont répandu dans leurs écrits, mêlez de mille Fables, & leſquelles, peut-être ſe ſont ſoutenuës par le commerce des Infidelles avec les Hebreux ; nous n'aurons recours qu'au ſacré Texte, interpreté par les Peres les plus pieux, & les plus anciens, à qui l'intelligence a ſans doute été donnée en recompenſe de leur foy, Saint Aug. pour s'exprimer avec l'un d'eux : *Intelligentia, fidei merces.*

Pour remonter à la ſource, il eſt certain que la déſobéiſſance d'Adam attira ſur ſes deſcendans tous les maux qui les accablent. Tertulien obſerve que dans la Geneſe, Dieu n'eſt point appellé du nom de Seigneur, que lors de la creation de l'homme, & non plûtôt, *in principio creavit Deus cœlum & terram, &c.* Voilà ce qui regarde les autres creatures : mais quand on vient à la formation de l'homme, le langage change, & Dieu prend le nom de Seigneur : *Formavit igitur Dominus Deus hominem de limo terræ* ; ſans doute pour faire ſentir à l'homme, que la même voix qui le tiroit du neant luy apprenoit qu'il avoit un maître, & luy impoſoit l'obligation de luy obéir : *Ante Deus, retrò Deus, nunc Dominus.* Si bien que l'obéiſſance eſt née avec l'homme, & n'eſt pas une loy moins ancienne que le monde : les Cieux, la terre, les élemens, les animaux étoient bien ſujets à l'empire de leur divin Auteur par les impressions & les inclinations naturelles qu'ils en avoient receuës dans le fonds de leur être : mais ce n'étoit pas des soumissions éclairées, ny volontaires : l'homme seul intelligent & libre, capable de garder les Loix du Seigneur, ou de les violer, pouvoit luy rendre le tribut d'une obéissance vertueuse & raisonnable : C'est donc tres mysterieusement que Dieu n'est appellé proprement Seigneur & Maître dans l'Ecriture, qu'aprés la production de l'homme : *Ante Deus, retrò Deus, nunc Dominus* : Mais, ô malheur ! Adam voulut disputer à Dieu la qualité de Maître, que seul il merite, à qui seul elle appartient, & que seul il possede ; tant, parce que bien different des maîtres de la terre, il n'a pas besoin de nôtre servitude, & que nous avons besoin de sa domination, dit saint Augustin : *Verus est Dominus, qui servo non indiget, & quo servus indiget* : qu'à cause que Dieu n'a nul besoin que nous fassions ce qu'il commande, comme si ce qu'il desire de nous manquoit à sa gloire : & qu'au contraire nous avons un besoin extrême d'executer ses ordres, parce que leur accomplissement est necessaire à nôtre bonheur : *Nihil Deus jubet, quod sibi prosit, sed illi cui jubet.* Le premier homme aveuglé par l'orgueil que luy inspira le demon déja rebelle, s'oublia de ces importantes veritez : d'où s'ensuivirent tous ses malheurs & toutes les miseres que ses enfans éprouverent ; aussi lisons-nous dans le même endroit de la Genese, que Dieu avoit créé nôtre premier Pere à son image & ressemblance, c'est à dire saint, juste, immortel, libre, intelligent, heureux, *ad similitudinem Dei fecit illum :* Mais peu de lignes aprés, elle nous dit qu'Adam engendra son fils Seth à son image & ressemblance : C'est à dire pecheur, orgueilleux, ambitieux, envieux, avare, curieux, desobéissant, ingrat : *Genuit ad imaginem & similitudinem suam.* Quel changement ? quelle chute ? mais l'homme descendra encore bien plus bas, & le Prophete nous assure que l'homme, par ses inclinations charnelles, par sa luxure, sa gourmandise, sa paresse, sa colere, sa sensualité, deviendra semblable aux animaux même privez de raison : *Homo cùm in honore esset, non intellexit, comparatus est jumentis insipientibus, & similis factus est illis.* Quel avilissement ! quelle dépravation dans l'homme, le chef-d'œuvre des mains de Dieu ! de cette sorte, dit saint Augustin, les enfans d'Adam ont porté l'image & le caractere de la corruption de leur pere, pour parler avec l'Apôtre, & toute la nature étant corrompuë en sa personne, est devenuë non seulement pecheresse, mais n'a plus engendré que des pecheurs, *magno illo primi hominis peccato natura nostra in deterius commutata, non solùm facta est peccatrix, sed etiam genuit peccatores.* Dieu dans sa justice, ajoute ailleurs le même Pere, n'ayant dû ny voulu empêcher les hommes de naître de ce premier Pere, ils n'ont pû sortir d'une tige si corrompuë sans en rapporter avec eux la corruption, puisqu'aprés tout Adam ne pouvoit engendrer une posterité plus pure que luy-même : *Ut enim Adam meliores gigneret quàm ipse erat non erat æquitatis, nec mirum nec injustum est, quòd radix profert damnata damnatos.* Pour tout commande-

*De Nupt. & con. l. 2. c. 34.*

*Cont. Jul. l. 3. c. 12.*

ment, pour toute marque de dépendance, Dieu n'avoit exigé d'Adam & d'Eve que de s'abstenir du fruit d'un seul arbre, dit saint Chrysostome : *A nullo alio abstinere praecepit quàm ab unico ligno.* Il leur dit que s'ils en mangeoient, ils deviendroient de la poussiere : *morte moriemini :* Le demon au contraire les assura que s'ils en mangeoient ils deviendroient des Dieux : *promittens illis quòd si interdictum contigissent praestaret illis divinitatem :* Le desir ambitieux d'obtenir la divinité les enfla d'orgueil, pour s'exprimer avec saint Chrysostome : *Spe potiendae divinitatis cibum hunc sumere ausi sunt: Adam spe obtinendae divinitatis inflatus est.* De cette désobéissance & de cet orgueil sont venus tous nos maux, dont l'obéissance & l'humilité d'un nouvel Adam pouvoient seules nous guerir : le demon promettant à nos premiers parens de les faire devenir des Dieux, les fit devenir de la poussiere ; & Dieu leur apprenant qu'ils étoient de la poussiere, leur apprit le moyen de devenir des Dieux.

*Ho. 18.*

*qq. Ex nov. Test. c. 73.*

*Ho. 18. & 16.*

## PREMIERE CONSIDERATION.

Mais aprés avoir expliqué la cause de la dépravation du genre humain, rien ne peut être plus utile que d'en considerer les suites.

Premierement, le Seigneur ayant formé Adam dans un champ hors le Paradis, & l'ayant ensuite transferé comme un vase de gloire, mais d'argile, dans le lieu de delices, le renvoya aprés son peché, dit l'Ecriture, & le remit dans le même champ où il avoit été d'abord formé, & duquel il pouvoit appercevoir le Paradis, dont il venoit d'être exclus : *ejecitque Dominus Deus Adam, & habitare fecit eum è regione horti deliciarum* ; sans doute, dit saint Chrysostome, afin que cet objet le fit sans cesse souvenir du peché qu'il avoit commis, de la perte qu'il avoit faite, de l'état déplorable auquel il étoit tombé, & qu'une vûë si triste & si affligeante, luy causât de continuels regrets, & de vifs sentimens de penitence : *Contra Paradisum, illum habitare fecit, ut jugem dolorem haberet, quotidiè cogitans unde exciderit, & in quem statum se conjecerit* : en quoy, continuë ce Pere, avec saint Augustin, on vit commencer à reluire la misericorde du Seigneur sur l'homme, puisqu'il parut ne l'abandonner pas jusqu'à ce point que de luy ôter toute esperance de retourner en ce lieu de délices, *& ibi si posset collocaret sibi meritum redeundi, moratus contra Paradisum.* Le même Pere ne neglige point icy une expression de l'Ecriture, qui porte que Dieu ne chassa pas Adam, mais qu'il le laissa aller hors du Paradis, *dimisit eum* ; comme si Adam, entraîné par son peché, s'en fût retiré de luy-même, pour aller dans un autre lieu qui luy convenoit mieux aprés son crime, & vers lequel son mauvais penchant le poussoit, *benè dictum est, dimisit, non exclusit ; ut ipso suorum peccatorum pondere tanquam in locum sibi congruum videretur urgeri.* Telle est souvent la disposition des pecheurs, quand ils ont une fois soüillé quelque lieu saint où le Seigneur les avoit mis, ils ne peuvent plus y demeurer, il n'est point necessaire que le Superieur les en chasse, le poids de leurs mauvaises inclinations

*S. Chr. Hom. 18.*

*L. 2. de Gen. contr. Man. c. 22.*

*L. 2. de Gen. Contr. Ma. c. 22.*

tions les en retire bien-tôt, & les porte à retourner au monde, d'où, comme d'une terre prophane, ils avoient été transferez dans le lieu saint : *Quod patitur plerumque malus homo, cùm inter bonos vivere cœperit, si se in melius commutare noluerit, ex illa bonorum congregatione, pondere malæ suæ consuetudinis pellitur, & illi eum non excludunt reluctantem, sed dimittunt cupientem.* Conduite parfaitement exprimée dans ces paroles du Psalmiste : J'ay laissé aller le pecheur au penchant de ses desirs, & aux égaremens de ses pensées. *Et dimisi eos secundum desideria cordis eorum, ibunt in adinventionibus suis.*

II°. En second lieu, le Seigneur condamna Adam à labourer la terre, afin de luy faire sentir la bassesse de son extraction, de luy apprendre ce qu'il étoit, d'où il venoit, où il iroit, ce qu'il deviendroit, & par ces travaux corporels luy figurer les travaux spirituels qu'il devoit prendre de la culture interieure de son ame, d'en arracher les épines, de luy faire produire de dignes fruits de penitence, & de luy donner l'esperance de rentrer un jour dans ce jardin de volupté, qu'il avoit encore devant les yeux, & où il sçavoit qu'on ne mangeoit pas son pain à la sueur de son visage : ainsi qu'enseigne encore le même saint Augustin ; *Dimissus est ergo de Paradiso suavitatis, ut operaretur terram de qua sumptus erat, ut in corpore isto laboraret, id est, si posset, & ibi collocaret sibi meritum redeundi, moratus contra paradisum in miseria, quæ utique beatę vitæ contraria est.* *Supra.* Telle fut la desolante humiliation où le peché reduisit Adam, tels furent les effets des trompeuses promesses de celuy qui s'étant le premier laissé tromper à ſon ambitieuſe pretention lors qu'il voulut élever ſon trône au deſſus des nuées , foible & fragile fondement de ſon imaginaire grandeur, & n'aſpirant à rien moins qu'à s'égaler au Trés-haut, déchu de cette folle eſperance, & envieux de la ſolide grandeur de l'homme, le trompa, comme il avoit été trompé luy-même, l'un & l'autre ſe trouvant également trompez en s'éloignant de celuy qui ne peut être trompé, ajoute le même Pere : *ille qui decepit, & ille quem decepit ambo decepti ſunt , recedendo ab eo qui non poteſt decipi.* C'eſt à quoy ſe terminerent les magnifiques promeſſes dont le tentateur flata l'amour propre de nos premiers parens, quand il les aſſura que s'ils violoient le precepte, ils ſeroient non ſeulement égaux à Dieu , mais de plus qu'ils deviendroient des Dieux-mêmes : *Promittens illis quòd ſi interdictum contigiſſent, præſtaret illis divinitatem, circumvenit illos.* Tel fut l'appas dont il ſe ſervit pour les ſeduire. Adam ayant donc mal gardé le jardin interieur de ſon ame , figuré par le jardin exterieur de délices cultivé de la main même du Seigneur, ſe vit reduit pour conſerver ſa vie miſerable à cultiver une terre ingrate & ſterile, autre image du terroir de ſon cœur plus fertile encore en chagrins & en inquietudes, que la terre ne le devoit être pour luy en ronces & en épines : *Quoniam ſimilitudinem à ſe culti paradiſi in ſe ipſo cuſtodire homo ſubditus noluit, ſimilem ſibi agrum damnatus accepit.* En effet, quelle eſt l'eſpece de plaiſir qui ne déchire pas celuy qui travaille pour ſe le procurer ? *Si poterit convertere ad aliquam voluptatem, ubi ſpinas non ſentias ?* dit encore ſaint Auguſtin : choi-

*Contra adverſ. Leg. l. 1. c. 15.*

*qq. ex novo Teſt. c. 73.*

*De Gen. ad lit. l. 8. c. 10. med.*

*In Pſ. 101. med.*

ſiſſez tout ce que vous voudrez : *elige quod volueris* ? Honneurs, richeſſes, plaiſirs, tout eſt heriſſé de pointes & d'éguillons. Combien d'épines ne produiſent pas l'ambition, la luxure, l'avarice ? *In honorum cupiditate quantæ ſpinæ ? in luxuria libidinum quantæ ſpinę ? in ardore avaritiæ quantę ſpinæ ?* Combien de remords & de chagrins ?

III°. Troiſiémement, le Seigneur condamna le premier homme à la mort : vous étes terre, luy dit-il, & vous retournerez en terre : vous redeviendrez inanimé, & tel que vous étiez avant d'être animé. *Hoc eris exanimis, quod eras antequam eſſes animatus* : Vous redeviendrez ayant perdu la vie, ce que vous étiez avant d'avoir receu la vie : *In hoc ibis amiſſâ vitâ, quod eras antequam ſumeres vitam.* Vous ceſſerez d'être une terre vivante, & vous recommencerez d'être une terre morte, *terra es animata quod non eras, terra eris exanimis ſicut eras.* Voilà quelle ſera la fin de l'homme, quant à ſon corps mortel, quant à ſa chair corruptible ; & non quant à ſon ame qui ne venant pas de la terre, ne peut pas redevenir de la terre : *Non ſecundùm animam, ſed ſecundùm corpus terra erat.* Mais ſi l'ame par la mort n'eſt pas ſujette à aucune eſſentielle transformation, elle n'eſt malheureuſement que trop capable d'être moralement changée par l'affection au peché en cette vie, & par l'invaſion du démon en l'autre : écoutons encore icy ce ſaint Docteur : la même voix qui dit au ſerpent qu'il mangeroit la terre, apprit au pecheur qu'il étoit de la terre : *Quando dictum eſt diabolo, terram manducabis, dictum eſt peccatori, terra es :*

*De Civ. Dei. l. 10. c. 20.*

*De ago. Chriſt. cap. 2. init.*

& par conſequent, qu'il ſeroit l'aliment du demon, s'il ne ceſſoit d'être pecheur : *Datus eſt ergo in cibum diabolo peccator.* Ne ſoyons donc pas de la terre, par nos affections terreſtres, ſi nous ne voulons pas être mangez par le ſerpent, qui ne ſe nourrit que de terre, puiſqu'enfin nous ſommes tels que ce que nous aimons : *Non ſimus ergo terra, ſi nolumus manducari à ſerpente* : Ah ! qu'il eſt vray de dire quand on enterre un pecheur, qu'on met de la terre ſur de la terre ; *& pulveri adjice pulverem.* Cependant l'Arrêt irrevocable porté contre Adam & contre tous ſes deſcendans, commençoit à s'executer dans toute ſa rigueur par une mortalité generale, qui ſemblable à la faux du moiſſonneur, & ſans diſtinction d'age, de ſexe, de condition, vint auſſi-tôt ravager le genre humain : peu à peu les maladies, la vieilleſſe, les travaux, la caducité, la culture d'une terre ingrate, & toute ſorte de miſeres l'accablerent : nôtre nature déchut inſenſiblement de ſa premiere dignité, de jour en jour elle tomba en ruine, & en décadence, dit ſaint Chryſoſtome :
Nic. *Vide quomodo res noſtræ paulatim deteriores, fucatioreſque fiunt.* Et neanmoins l'homme tout frapé à mort qu'il fût, ne pouvoit ſe défaire de l'ambitieuſe pretention de vivre toûjours : Adam aprés ſon peché, & la peine de mort encouruë, voulut encore que ſa femme portât le nom d'Eve, c'eſt-à-dire, la mere des vivans, *mater viventium* : Quel aveuglement ! ne devoit-il pas plûtôt luy donner le nom de mere des mourans : ſans doute que cette conduite eſt ſurprenante, dit ſaint Auguſtin : *Quem autem non moveat, quòd poſt peccatum,*

*& ſententiam judicis Dei, vocat Adam mulierem ſuam, vitam... poſtquam meruit mortem, & mortales fœtus parere destinata eſt :* Mais quoy, comme obſerve ailleurs ce Pere, ce ne fut pas le Seigneur qui luy impoſa ce nom, ce fut Adam ſon mari qui le luy donna : & qui voulut qu'elle s'appellât la mere de tous les vivans : *Nec enim Evæ nomen ut appellaretur, vita, Deus impoſuit, ſed maritus : ſic enim legitur, & vocavit Adam nomen uxoris ſuæ, vita, quoniam ipſa eſt mater omnium viventium.* D'un autre côté ſi l'homme languiſſoit ſous les travaux de l'agriculture, la femme gemiſſoit dans les douleurs de l'enfantement : elle avoit entendu dés le commencement ſa ſentence de condamnation, ou plûtôt la malediction prononcée contre elle : je multiplieray vos angoiſſes, & vous enfanterez dans la triſteſſe : chant lugubre, que ſaint Baſile appelle tres élegamment l'epithalame de toutes les perſonnes du ſexe qui ſe marient : *Manet enim immota maledictionis adverſus illam prolata ſententia, quæ per omnes nuptias veluti Epithalamium ita canit : in doloribus paries.* Cependant malgré tant d'infortunes, les peres chercherent à ſe perpetuer dans leurs enfans, & à ſe procurer en eux une ſeconde vie, ou une eſpece d'immortalité, & de reſurrection, tout du moins une reſſource contre la mort leur ennemie inexorable, dit ſaint Chryſoſtome : *Poſtea quàm ſubintravit mortalitas, conſolatio erat filiorum ſucceſſio : imago reſurrectionis :* Eſperant ainſi de voir en quelque ſorte ſubſiſter aprés eux leurs noms, leurs ouvrages, leurs terres, leurs maiſons, & de faire vivre leur memoire juſques dans leurs mauſolées mêmes

*L. 1. de Nupt. & conc. c. 4.*

*De vera Virg. med.*

*Hic.*

qu'ils compterent entre les prosperitez humaines : pitoyables monumens , & tristes débris de leur grandeur
Ibi. passée, ajoûte le même Pere: *Quippe hominibus factis mortalibus, studium fuit, ut immortalem suam memoriam facerent, partim in filiis qui genuerant, partim ex locis quibus filiorum nomina imponebant , ruinæ primæ monumenta , quæ è pristina gloria exciderunt :* Mais quel soulagement pouvoit trouver un pere dans une semblable posterité , perissable comme luy , & que le temps ensevelissoit dans un noir oubli pesle-mesle avec luy ? quelle ressource dans d'infortunez enfans d'une mere si infortunée , les uns & les autres également la proye de la mort ? car deslors que l'homme eût été chassé du Paradis , tous les jours de l'homme furent mauvais pour luy , & le Soleil ne le regarda plus d'un œil favorable , dit saint Augustin ,
De Verb. Apost. ser. 24. ini. *ex quo enim lapsus est Adam & de Paradiso expulsus , nunquam fuerunt dies nisi mali :* L'enfant n'est pas plûtôt sorti du sein de sa mere, qu'il se met à pleurer : *nascitur puer, & statim plorat :* Les larmes qu'il répand sont des présages assurez des malheurs qu'il va ressentir dans la carriere qu'il commence : *lacrymæ testes sunt miseriæ.* Et par une merveille étonnante , il ne parle pas encore ,
Ibi. & il prophetise déja : *nondum loquitur , & jam prophetat.*

## SECONDE CONSIDERATION.

Que le Chrêtien peu instruit n'aille pas dire icy ce que ses semblables disoient du temps de saint Chrysostome , que les noms des enfans d'Adam , qui vêcurent jusqu'au déluge , ne sont mis dans la Genese que pour y tenir lieu d'une genealogie hiſtorique, & ne pas perdre le fil de la propagation du genre humain, ſans que d'ailleurs on y doive chercher rien de plus important ny de plus utile : *Nihil amplius quàm illorum nominum enumerationem & appellationem.* Parce que en uſer ainſi, ce ſeroit s'arrêter à la ſeule ſuperficie de la lettre, & ne pas approfondir le treſor de Myſteres & d'inſtructions, qui ſont cachées ſous cette précieuſe écorce : *Spectant enim tales ad ſolam ſuperficiem, in hac enim nominum enumeratione, multæ latenteſque divitiæ & theſaurus.* Car, Hom. 21. in Geneſ.

1°. Premierement nous y découvrons que les deſcendans d'Adam, au lieu de profiter du malheur de leur pere, & ne pas ſuivre ſon mauvais exemple, au lieu de faire penitence, & de ne s'expoſer pas à de nouveaux châtimens, devinrent de jour en jour plus méchans, & plus ingrats envers Dieu, & s'abîmerent en de nouveaux crimes : *Vidit eos qui tunc erant, magnam præ ſe ferre ingratitudinem, nec meliores fieri ex his quæ primo parenti facta, ſed in idem malitiæ profundum præcipitari.* Ibid. En effet pour aller encore à la ſource, à peine la famille d'Adam commençoit-elle à ſe multiplier ſur la terre, que l'ainé de ſes deux enfans, plein d'envie & de rage trempa ſes mains ſacrileges dans le ſang de ſon frere, & de ſon frere innocent, juſte, ſaint, religieux, aimé de Dieu, qui n'avoit jamais rien fait contre celuy qui luy raviſſoit ſi cruellement la vie, & par un attentat juſqu'alors inoüy, & qui devoit avoir tant de ſuites funeſtes, il commit le premier homicide du monde : quel ſpectacle pour leur pere, dit ſaint Chryſoſtome, de voir pour la premiere fois la mort introduite dans le monde ! *primus mortis ſpeciem invexit.* De voir un cadavre affreux, un corps mort, horrible image du peché, figure hideuſe de la mort de l'ame : *vidit primò ſuis oculis mortem in vitam introductam* : & une mort violente, cruelle, injuſte, inhumaine ; un corps ſanglant, froid, pâle, meurtri, privé de vie, percé de coups : du ſang épanché, une terre ſoüillée, un corps étendu ſur la pouſſiere, ſans ſentiment, & ſans mouvement ; un meurtre commis par ſon premier né, un fratricide impie : un frere tué par ſon propre frere, ſorti du même pere, né de la même mere, tuer ſon propre frere ! Quelle deſolation pour Adam, de conſiderer les triſtes effets de ſon peché ! quelle douleur pour cette pretenduë mere de tous les vivans ! que de larmes répanduës, de cris & de ſanglots jettez ; tel fut le premier deüil du monde, telles furent les premieres funerailles de l'homme : *Vidit mortem, & violentam mortem, & à filio perpetratam, & in fratrem eodem patre eademque matre natum, & qui in nullo nocuerat.* Il eſt vray que l'Arrêt de mort avoit été prononcé, dés le jour que le peché fut commis ; mais il n'avoit pas été juſques alors executé : *Neque enim mortis ſpeciem ſcierant, tametſi lata eſſet ſententia* : & cette mort fut d'autant plus déteſtable, qu'elle ſe commit contre le premier des juſtes dans l'ordre des temps, & qu'elle étoit l'image tragique de la mort à venir de Jeſus-Chriſt, le Saint des Saints, maſſacré par ſes propres freres.

IIº. La race de ce premier meurtrier fut maudite com-

comme luy, & pour ſervir d'exemple aux homicides futurs ſes imitateurs, elle ſe vid bien-tôt éteinte : *Ut doceret nos generationes illas quaſi reprobas, neque memoriâ poſt hæc dignas.* Sa memoire digne d'un éternel oubli, n'a été conſervée que pour la deteſter, & luy attacher un caractere d'horreur, & de reprobation. Dieu ſubſtitua une autre branche à Adam de laquelle Seth fut le chef, qui forma la poſterité des juſtes mis en la place de ceux qui devoient naître d'Abel : & pour les enfans de Caïn, ils multiplierent les crimes de leur pere. Voicy ce que l'Ecriture nous en apprend : Caïn s'attachant à la terre, *Cain agricola*, fut le premier qui pour immortaliſer ſa memoire en la perſonne de ſon fils, Enoch, bâtit une Ville & luy donna le nom de ce fils : *Ædificavit Civitatem, vocavitque nomen ejus ex nomine filii ſui Enoch.* Mais en la bâtiſſant, il jetta les fondemens de cette Cité fameuſe, de cette ſuperbe Babylone amatrice de la domination, *Babylon accepit exordium per Cain*, dit Saint Auguſtin ; de cette Cité terreſtre dont les habitans ne ſongent qu'à s'établir en ce monde, loin de s'y regarder comme pelerins, qui n'aſpirent qu'à s'y procurer du repos & du bonheur temporel, quelque fragile, & periſſable qu'il ſoit : *Cain condidit civitatem, terrenam ſcilicet, non peregrinantem in hoc mundo, ſed in ejus temporali pace, ac felicitate quieſcentem*, continue le même Pere. La famille de Caïn en ſe perpetuant ainſi, perpetua ſes crimes, & les augmenta : Lamech, qui deſcendit de luy, paſſe pour le premier adultere du monde, & contre la premiere inſtitution du Créateur il in-

*Ibid.*

*In Pſ. 64.*

*De Civ. l. 15. c. 17.*

troduisit la polygamie : il prit deux femmes, & l'homme & la femme ne furent plus deux en une même chair. L'impression de la nature, que les bêtes mêmes les plus feroces ne violent pas, dit saint Jerôme, ne pût le retenir : *Ne in bestiis quidem, & immundis avibus digamia comprobatur : sed nec in serpentibus, crocodilis, ac lacertis digamia locum habet.* Il commit un homicide, ainsi que son ayeul, & le meurtre s'associa desslors avec la luxure. De ces deux femmes infortunées sortit une double posterité, dont l'une corrompit le genre humain par sa molesse, & l'autre l'extermina par sa barbarie : vrais heritiers de leur pere, également sensuel, & cruel : l'un fut l'inventeur de la symphonie, & par consequent de la danse, du bal, & de tout ce qui peut énerver dans l'homme la force & la vertu : *Pater canentium cithara & organo.* L'autre trouva le secret pernicieux de faire servir le fer à l'humeur sanguinaire des guerriers : *fuit malleator & faber in cuncta opera æris & ferri.*

*Adver. Jovi. l. 1. p. 161. ad Ageru. de Monoga. p. 745.*

III°. Pour comble de malheurs, les enfans de Seth, qui jusques-là s'étoient acquis par leur religion, & leur zéle, le surnom glorieux d'enfans de Dieu, se laisserent pervertir au libertinage & à l'impieté des filles de Caïn, & de ses descendans, à qui la dépravation fit porter le titre de fils & de filles des hommes : *Filii Seth vocati filii Dei, propterea quod eò usque parentum virtutem imitati sunt : filii Cain, & qui ex eo nati filii hominum :* dit saint Chrysostome : Non que ceux-là ne fussent pas selon la nature enfans des hommes, mais parce que selon la grace ils étoient devenus enfans de

*Ibi.*

Dieu : *Neque enim & illi non erant filii hominum per naturam, ſed aliud nomen habere cœperant per gratiam.* Mais, ô malheur, les enfans de Dieu virent que les filles des hommes étoient belles, & enſorcelez de leur vain éclat, ils choiſirent celles d'entre elles qui leur plurent, dit le Texte ſacré : *Videntes filii Dei filias hominum quòd eſſent pulchrę, acceperunt ſibi uxores ex omnibus quas elegerant.* Ces hommes charnels, juſqu'alors enfans de Dieu, effacerent d'eux l'image ſpirituelle de leur Pere celeſte, pour mettre en ſa place l'image corporelle d'une fille terreſtre : ils ne chercherent dans ces brutales inclinations que l'aſſouviſſement de leur convoitiſe, & non aucune des fins honnêtes du mariage inſtitué de Dieu ; *Nam pulchritudine victi ſunt, & frenum imponere inordinatę concupiſcentię ſuę non valuerunt, ſed ſpectando capti, ſubmerſique ſunt : & neque lege nuptiarum, neque procreandorum filiorum gratiâ hoc fecerunt.* Ils oublierent cette beauté premiere, d'où toute beauté découle ; cette beauté originale dont toute autre beauté n'eſt qu'un crayon groſſier ; cette éternelle beauté qui devoit être l'unique objet de leur admiration & de leur amour, pour s'attacher à la beauté frivole & corruptible des filles de Caïn, qui portoient dans le déreglement de leur eſprit & de leurs mœurs, les marques ſenſibles de la malediction dont ce chef impie de leur race impie avoit été frappé, & la femme devint encore une fois la ruine du genre humain, dit ſaint Auguſtin : *quod malum à ſexu fœmineo cauſam rurſus invenit :* Ils effacerent de leur eſprit tous les ſentimens de religion & de vertu qu'ils avoient pris des inſtructions

*L. 17. de Ci. D. i. c. 22.*

*Ibi.*

*L. 15. de Civ. Dei c. 22.*

& des exemples de leur pere Seth : *ſic filii Seth filiarum hominum amore capti, in mores ſocietatis terrigenę defluxerunt, deſertâ pietate quam in ſanctâ ſocietate ſervabant.* Tel fut le fruit malheureux de cette alliance maudite, & de ce mélange prophane des enfans de Seth & des filles de Caïn, ajoute saint Cyrille d'Alexandrie, *boni deterioribus adjuncti.* Il eſt donc viſible, ſi nous voulons ſuivre l'eſprit de l'Ecriture, & entrer dans le ſens myſterieux de l'Hiſtoire ſacrée, que l'origine d'un ſi effroyable châtiment que celuy du Deluge univerſel, vint de l'incontinence effrenée des enfans de Seth, qui s'étant alliez juſqu'alors dans leur propre famille, où l'on rendoit au Seigneur un culte fidelle, & où ils trouvoient des femmes auſſi ſaintes qu'eux, dont la pieté paſſoit enſuite à leurs enfans, commencerent à degenerer de leur ancienne vertu, & à s'allier à ces malheureuſes filles de Caïn, leſquelles cachant une ame de vipere & de ſerpent ſous un agrément exterieur qui trompoit les yeux, devinrent comme de ſecondes Eves à leurs maris & à leurs enfans, auſquels elles inſpirerent les ſentimens de leur ſenſualité, de leur orgueil, & de leur impieté. Surquoy les Peres les plus voiſins du temps des Apôtres, à qui la revelation & la tradition avoient appris beaucoup de veritez, juſqu'alors peu connuës, nous enſeignent que le demon ſe ſervit de ces femmes, comme de nouveaux inſtrumens de ſa malice & de ſa haine contre le genre humain, afin de le détruire tout à fait, s'il eût pu : car il leur apprit l'art de rehauſſer leur beauté naturelle par les parures, les friſures, les ajuſtemens &

*S. Aug. ibi.*

tout ce que l'on a vu depuis pratiqué par celles qui ſe ſont défigurées plûtôt qu'embellies en voulant reformer l'œuvre de Dieu en elles : *Dæmones fœminis inſtrumentum illud muliebris gloriæ contulerunt, lumina capillorum, circulos ex auro, medicamenta ex fuco*, & ce fut ainſi, ſelon ſaint Cyrille d'Alexandrie, que par ce funeſte mélange des bons & des mauvais, de la race de Seth & de la race de Caïn, *boni deterioribus adjuncti*, toute chair eut bien-tôt corrompu ſa voye.

*Tertul. de forma ini.*

*L. 3. in Jul. ini.*

IV. Aprés cela faut-il s'étonner ſi de cette indigne & ſacrilege alliance, on vit ſortir, non des hommes, mais des monſtres d'hommes, des geans horribles, dont la curioſité humaine ne ſçaura jamais rien de plus que ce peu qu'il a plu à Dieu de nous en reveler dans ſon Ecriture : car, comme continuë ſaint Cyrille d'Alexandrie, ces geans nez de l'alliance de ces deux races, dont l'une n'auroit jamais dû ſe mêler avec l'autre, n'étoient pas ſeulement des monſtres hideux en laideur, en hauteur, en difformité, ſelon le corps : mais encore des demons en orgueil, en inhumanité, en mechanceté ſelon l'eſprit, *igitur genus, quod ex Caïn paternos mores imitabatur, nefariam & abominabilem ducendo vitam... hinc mulieres peperere gigantes* : Tels furent ces fameux geans, que les Saints aſſurent avoir été la juſte punition, & la production monſtrueuſe d'une monſtrueuſe lubricité, & qui ne ſe donnant aucunes autres loix que celles de leurs volontez injuſtes, & violentes, opprimerent cruellement le reſte des hommes, & ſe déborderent en des crimes qui déshonnorerent la nature, & que le Créateur ne put plus ſup-

*Ibi.*

*Ibi.*

porter : *propter fœdas affectiones, & abominabiles voluptates*, ajoute le même Pere : Leur corps d'une grandeur prodigieuſe, plus propre à donner de l'effroy que de l'admiration, ne tenoit plus rien de la premiere beauté de l'homme, autrefois le chef-d'œuvre des mains
Baruch. 3. 26. de Dieu : *gigantes nominati illi qui ab initio fuerunt ſtaturâ magnâ*, dit le Prophete : Leur plus glorieuſe occupation fut celle de reduire le meurtre en methode, & en art militaire : *ſcientes bellum* : le plus beau de tous les arts devint chez eux celuy de s'entretuer les uns les autres : la mort naturelle leur parut trop lente à venir : ces hommes de ſang & de carnage ſe hâterent de l'appeller ſur la terre, & trouverent le moyen d'abreger le fil de la plus floriſſante jeuneſſe : plus cruels que les lions & les tigres, qui ne s'attrouppent point pour maſſacrer leur eſpece, ils aſſemblerent des armées pour s'exterminer, & s'entre-détruire eux mêmes : *ne-*
L. 12. de Civ. Dei. c. 22. *que enim unquam inter ſe leones, aut inter ſe dracones, qualia homines bella inter ſe geſſerunt*, dit ſaint Auguſtin : leur figure coloſſale n'étoit qu'une legere image de leur orgueil demeſuré, *ſuperbi illi gigantes* : pleins de confiance en leur force, & en leur ferocité, ils ne donnerent aucunes bornes à leur ambition, elle monta juſqu'à l'excés, & le deſir de s'ériger en conquerans, & en guerriers belliqueux, leur fit ravager la terre, & uſurper une violente & tyrannique domination ſur le reſte des mortels épouvantez : car à leur taille exceſſivement grande, ils joignoient une exceſſive
Ibi. or. 5. difformité, *fœdos aſpectu, monſtruoſos, temerarios*, continuë ſaint Cyrille : la laideur de leur corps répondoit

à la corruption de leur cœur, & leur orgueil interieur à leur hauteur exterieure : ils s'érigerent en maîtres absolus, ou plûtôt en cruels tyrans de l'Univers : enfin ces monstres d'hommes ont laissé tant de terreur aprés eux, que le Prophete Isaïe demande à Dieu que cette engeance maudite ne revienne plus sur la terre, & qu'ils ne ressuscitent point pour venir encore tourmenter le genre humain : que ceux qui sont morts, Seigneur, ne revivent plus, dit il, *morientes non vivant* : que les geans ne ressuscitent pas : *gigantes non resurgant* : car c'est à cause de leurs crimes que vous étes venu contre eux, que vous les avez reduits en poudre, & que vous avez entierement aboli leur memoire : *propterea visitasti, & contrivisti eos, & perdidisti omnem memoriam eorum.* *Isa. 26. 14.*

Pour nous faire comprendre l'atrocité de leurs crimes, l'Ecriture dit que ce fut ces impies qui attirerent le deluge universel, & que c'est sur leur tête orgueilleuse que le Ciel irrité versa ses eaux immenses. *Ibi fuerunt gigantes nominati illi qui ab initio fuerunt, statura magna, scientes bellum : confidentes suæ virtuti.* *Baruc. 3. 26.* Leur regard étoit farouche & hideux, on ne les pouvoit envisager sans horreur, & sans effroy, & leur force jointe à leur fureur tenoit un chacun asservi à leurs iniques Loix : *Fuerunt autem gigantes quidem, & fortissimi, horribiles visu, aspectu valdè deformi, agrestes, feroces, robusti,* *Ibi.* dit saint Cyrille. L'Ecriture ajoûte, parlant du pecheur insensé qui se soüille dans l'amour impur d'une prostituée, malheureuse imitatrice de ces anciennes pecheresses : que cet inconsideré ne sçait pas qu'il aura

le sort des geans, puisqu'il s'engage dans la même iniquité qu'eux, & que le plus profond de l'enfer
Pro. 9. 18. sera leur commun domicile: *& ignoravit quòd ibi sint gigantes, & in profundis inferni convivæ ejus.* Elle assure que le novateur présomptueux qui s'écarte du sentier de la saine doctrine, sera envelopé dans la même condamnation qui fut portée contre ces anciens
Pro. 21. 16. geans, ausquels il s'associe par ses erreurs: *Vir qui erraverit à via doctrinæ, in cœtu gigantum commorabitur.* Expression qui nous insinuë que ces orgueilleux joignoient au débordement de leurs vices charnels, un égarement d'esprit, & une revolte déclarée contre les veritez de la religion, qu'ils combattoient & qu'ils rejettoient avec autant de folie que d'audace. En un mot, ce fut cette impieté des geans qui attira le Deluge universel sur la terre, comme l'observe saint Jerôme, & qui fut cause de la dépravation & de la destruction du genre humain: *Exinde*, dit ce Pere,
Epist. ad Paul. concor. *recrudescente peccato, totius orbis naufragium, gigantum adduxit impietas.*

Mais rien n'égale les expressions du Sage sur ce sujet, lorsque racontant les merveilleux effets de la toute puissance, de la sagesse, & de la justice de Dieu, il dit ces magnifiques paroles: Vous mîtes, Seigneur, dés le commencement l'esperance du monde dans le bois dont l'arche fut construite par vôtre ordre, lorsque vous noyâtes ces superbes geants, qui faisoient trembler les autres hommes de leurs seuls regards, & dont la force étoit si rédoutable: ils perirent, ces impies, dans les eaux du déluge, dont vous preservâtes

tes vôtre ſerviteur Noé & ſes enfans, pour la multiplication du genre humain, & vous eûtes ſoin de cette arche merveilleuſe que vous ſoûtintes de vôtre main puiſſante dans le débris de toute la nature. *Sed & ab initio cùm perirent ſuperbi gigantes, ſpes orbis terrarum ad ratem confugiens, remiſit ſæculo ſpem nativitatis, quę manu tua erat gubernata.* Sap. 14. 6.

A l'éclat de tant de veritez importantes tirées des ſacrées obſcuritez de l'Ecriture, il paroît viſiblement que du mélange des enfans de Dieu avec les filles des hommes, ainſi qu'on l'a expliqué : *Separatum enim erat genus Seth, & non permiſcebatur cum cognationne Cain, propter illatam ei à Deo maledictionem,* dit Theodoret, & en punition de leur lubricité outrée, ſortirent ces geans ſuperbes qui firent trembler le reſte des mortels, & dont l'impieté de l'eſprit non moindre que la dépravation du cœur, jointe à la revolte audacieuſe contre le Créateur, attira les eaux du deluge, & fut cauſe de la ruine du monde, & de la déſolation du genre humain. C'eſt pourquoy le ſaint homme Job élevé par l'eſprit prophetique ; & perçant dans les ſiecles paſſez, diſoit ſublimement, que les geans gemiſſoient actuellement ſous les eaux, pour donner à entendre qu'ils avoient été ſubmergez, & engloutis ſous cet élement vengeur, l'inſtrument redoutable de la juſtice divine, qui les puniſſoit ſans ceſſe avec tous les complices de leur revolte, & de leur impieté : *Ecce gigantes gemunt ſub aquis, & qui habitant cum eis.* Job. 26. 5.

## TROISIE'ME CONSIDERATION.

Telle fut la cauſe de la corruption & de la deſtruction du genre humain : le mélange impie des enfans de Dieu avec les filles des hommes, de ceux qui vivoient ſelon l'eſprit, avec celles qui vivoient ſelon la chair : Dieu vid que la malice des hommes étoit montée à ſon comble, & que la terre étoit toute ſoüillée de crimes : *Videns Deus quòd multa malitia hominum eſſet in terra* : Que toutes les penſées & les affections du cœur humain ſe tournoient au peché ; que la jeuneſſe étoit corrompuë par la ſenſualité, l'âge viril par l'orgueil, la vieilleſſe par l'impieté, & que ſans ceſſe & ſans relâche, l'homme ſe portoit en tout temps au mal, que tout ſexe, tout âge, tout état, toute condition, hommes & femmes, enfans & vieillards, grands & petits, tous ſans exception, s'abîmoient dans le crime : *Ubi manifeſtè declaratur quòd & juvenes vincebant provectiores ætate, & ſenes non minus quàm juvenes inſaniebant : & omnis ætas, & cuncta cogitatio cordis intenta eſſet ad malum omni tempore*, dit ſaint Chryſoſtome : que toute chair avoit corrompu ſa voye ; que la terre ſe trouvoit entierement pervertie, & noyée dans l'iniquité : *Corrupta eſt autem terra coram Deo, & repleta iniquitate, omnis quippe caro corruperat viam ſuam* : ce fut alors que le Seigneur ſe repentit d'avoir créé l'homme : chaque peché nous eſt répreſenté dans l'Ecriture cauſant un effet particulier de haine & d'averſion dans l'eſprit de Dieu : la tiedeur le provoque au vomiſſement : l'orgueil luy déclare la guerre ; le meurtre crie vengance devant luy ; la luxure luy cauſe du repentir de nous avoir donné la vie : ſemblable à un pere irrité, qui voyant qu'aucune bonne éducation n'a pu contenir un fils unique dans le devoir ; aucun avertiſſement, aucun châtiment, aucun exemple, aucune dépenſe, aucun ſoin, ny l'empecher de ſe précipiter dans les crimes les plus noirs, & les deſordres les plus indignes, & les plus honteux, le fait enfin venir devant luy, & d'un viſage indigné, d'un cœur percé de douleur, luy dit : méchant enfant, je ſuis faché de t'avoir mis au monde. L'Ecriture emprunte des hommes un langage humain, pour leur faire concevoir les myſteres divins, elle s'abaiſſe pour les élever, elle parle à l'homme pour ſe faire entendre de l'homme, elle donne à Dieu des mains, des bras, des yeux, un cœur ; elle dit qu'il ſe met en colere, qu'il ſe repent, qu'il deſcend en terre, & ſemblables expreſſions, ſans leſquelles les choſes divines ne nous ſeroient pas intelligibles, & qui loin d'être inutiles, ſervent, ſelon ſaint Auguſtin, à étonner les preſomptueux, à exciter les negligens, à exercer les ſtudieux, à repaître les ſçavans : *Ut perterreat ſuperbientes, & excitet negligentes, & exerceat quærentes, & alat intelligentes : quod non faceret, ſi non ſe priùs inclinaret ad jacentes.* *De Civ. Dei. l. 13. c. 25.* Mais au reſte il faut épurer ce langage ; Dieu eſt inalterable & immuable, le changement de ſa conduite ne tombe que ſur l'objet & non ſur luy : de cette ſorte lorſqu'on dit que Dieu ſe repentit d'avoit fait l'homme, cela ne veut rien dire, ſinon que Dieu voyant la dépravation de la nature humaine, la détruisit : l'ouvrage changea, mais l'ouvrier fut toûjours le même : *Opera mutas, non mutas consilium*, dit saint Augustin. Les objets changerent, mais l'œil fut toûjours le même ; l'édifice prit une nouvelle forme, mais non le dessein de l'Architecte. Nous pouvons sçavoir le passé par les Histoires, l'avenir par les propheties, le present par nos sens : tout cela passe successivement devant nous : mais devant Dieu, rien de passé, rien de futur : tout est present à la fois, tout se fait independamment du temps, & du changement, d'une maniere infiniment élevée au dessus de nos foibles esprits, aussi incapables de voir les effets dans leurs causes, que les consequences dans leurs principes.

Conf. l. 4.

Le seul Noé trouva grace devant le Seigneur : au milieu d'un deluge de vices, son innocence ne fit pas naufrage : une contagion si generale n'infecta point son cœur : parmi des tenebres si épaisses, il conserva une étincelle de foy qui servit à rallumer celle de toute la terre obscurcie, dit saint Chrysostome : *Quasi scintilla non solùm non extinctus, sed quotidie fulgidiori luce scintillam virtutis servavit.* Sa genealogie nous est décrite d'une façon toute nouvelle & inusitée : *rarus & novus genealogiæ modus* : l'Ecriture la rapporte en ces termes : voicy les generations de Noé, *istæ sunt generationes Noë* : A ces mots on s'attend à voir un arbre genealogique, *quasi genealogiam ejus narratura*, & d'apprendre quel fut son pere, sa mere, ses ayeux, son extraction, *& quis ejus pater fuerit, & unde genus duxerit, & alia quæ mos est genealogias texentibus recensere.*

S. Chrys. hic.

Mais rien de ſemblable. Pour éloge, il eſt dit qu'il étoit un homme : *Noë autem homo.* L'Ecriture dont la moindre ſyllabe eſt myſterieuſe, *quæ ne ſyllabam quidem unam inutilem continet* : voulant nous apprendre par là que le reſte des mortels abrutis par les vices, ne meritoient plus le nom glorieux d'hommes : *commune nomen pro laude uſurpat, nam cæteri ob carnales voluptates quibus immerſi erant amiſerant eſſe homines.* Auſſi parlant de ces premiers pecheurs qui pour lors habitoient la terre, elle ne les qualifie pas du titre honorable d'hommes, mais du nom ignominieux de chair, *non permanebit ſpiritus meus in homine quia caro eſt.* Ajoûtant que toute chair, c'eſt à dire tout homme avoit corrompu ſa voye : *Ut diſcas morem eſſe ſcripturæ, quòd vitiis ſtudentes & virtutem negligentes, hominis nomine vocare non dignetur.* Hic. Elle va encore plus loin ; car dédaignant d'appeller les pecheurs de la chair, elle les appelle de la terre, diſant que toute la terre ſe trouva corrompuë devant le Seigneur, ce qui doit s'entendre, non du groſſier élement que nous foulons aux pieds, lequel ſans doute avoit gardé ſon integrité naturelle ; mais des hommes que le peché rendoit tous terreſtres, *vidiſti quomodo ob malitiam carnem eos vocat & non homines : audi quomodo eos terram vocat, eo quod terrenis cogitationibus abſumantur : eo quod omnia eorum opera terreſtria erant : dixit enim : corrupta eſt terra coram Domino : non enim de terra ſenſibili loquitur.* Toutes ces excellentes reflexions ſont Ibid. de ſaint Chryſoſtome. Quoy de plus déplorable pour les pecheurs que de ne meriter pas ſeulement le nom d'hommes : *Quid miſerabilius peccatoribus qui ipſo hominis nomine privantur* ? Noé le porta avec merite, *Noë homo* ; mais à la qualité d'homme, il en ajoute d'autres d'un ordre bien plus excellent : Car le Texte ſacré nous apprend *qu'il trouva grace devant Dieu*, c'eſt à dire qu'il fut agréable aux yeux de Dieu par ſa rare pieté ; qu'il honora Dieu d'un culte religieux, & que Dieu verſa ſur luy ſes plus precieuſes benedictions : *qu'il fut juſte*, c'eſt à dire orné de tous les dons qui peuvent rendre un homme recommandable, par ſon humilité, ſa patience, ſa prudence, ſa charité, ſa temperance : Enfin *qu'il fut parfait* dans toutes ſes voyes, c'eſt-à-dire, qu'il fut orné d'une éminente ſainteté, qu'il poſſeda les vertus dans un degré ſublime ; & qu'il pratiqua excellemment les bonnes œuvres, & cela dans un temps où l'impieté, l'erreur, la violence, & toutes ſortes de crimes inondoient impunément ſur la terre : *Noë verò invenit gratiam coram Domino, Noë vir juſtus atque perfectus fuit in generationibus ſuis cum Deo ambulavit.* Sa naiſſance fut illuſtrée d'une magnifique prédiction, qu'il ſeroit la conſolation & le repos du genre humain, *iſte conſolabitur nos ab operibus & laboribus* : Le nom ſeul qu'on luy impoſa ſignifioit qu'il en deviendroit le liberateur heureux, & qu'il ſauveroit le monde de l'oppreſſion qu'il ſouffroit, & de la ruine entiere qui le menaçoit : de cette ſorte, le ſeul nom de Noé fut une prédiction éclatante pendant cinq cens ans, & annonçoit hautement, que tous les pecheurs fiſſent penitence, & qu'un déluge univerſel alloit les engloutir : *Quingentis annis clamans & teſtificans ſuo nomine futurum per univerſum orbem diluvium, & neque ſic à malitia abſtinere voluerunt.*

Nous voyons une autre ſemblable preuve, non moins remarquable que merveilleuſe de cette preſcience de Dieu dans Iſaye: car ſelon l'obſervation de ſaint Jerôme, ce fut ſous le regne du Roy Ezechias, & lorſque ce Prophete prédiſoit aux Juifs la ruine de Jeruſalem, & la deſtruction de leur Temple, qui devoit arriver huit cens ans aprés ſous Tite & Adrien, que Romulus fonda la ville de Rome, d'où devoient un jour ſortir les deſtructeurs de la Judée, *& derelinquetur filia Sion ut umbraculum in vinea, & ſicut tugurium in cucumerario, & ſicut civitas quæ vaſtatur.* Voila la prophetie: voicy l'obſervation de ſaint Jerôme ſur cet endroit: *Sciamus quoque Ezechiam in Jeruſalem duodecimo anno Romuli qui ſui nominis in Italia condidit civitatem, regnare cœpiſſe.* Les crimes du Juif paroiſſoient, & les verges vengereſſes naiſſoient: quelle penetrante lumiere de l'eſprit prophetique! quelle longanimité du Seigneur, dit ſaint Chryſoſtome! *Vide ſacramentorum magnitudinem, & vaticinii excellentiam, & boni Dei ineffabilem miſericordiam facientis ante tantum tempus vaticinium præcedere*: Celuy qui prepare & qui tend ſon arc de ſi loin, ne le fait que pour effrayer les pecheurs, *arcum ſuum tetendit & paravit illum*, & les obliger par ſes menaces à éviter les effets de ſa Juſtice, dit ſaint Auguſtin, *qui ſic clamo comminando, nolo ferire judicando*: C'eſt pourquoy, ajoute ſaint Ambroiſe, le Seigneur a voulu que l'Arc-en-Ciel parût ſans fléche, quoy qu'il fût un ſigne & de ſa vengeance paſſée, & de ſa colere future, *& ideò Dominus in nube Arcum magis quàm ſagittam ponit ad terrorem*: Afin qu'effrayez, nous recourions

*Iſa. 1. 8.*

*Hom. 10. in Geneſ.*

*De arc. & Noë. cap. 17.*

tous à la penitence, & que nous n'attendions pas que le Seigneur ajoute les fleches à l'arc, & nous perce de
In Ps. 58. ses traits, *arcus Dei, mina Dei*, dit encore saint Augustin.

La vie pure de ce grand Patriarche autorisoit les veritez terribles qu'il prêchoit; car dans un siecle où la propagation du genre humain éloignoit la pensée de garder le celibat, & auquel la luxure entraînoit tout le monde; ce grand Patriarche, dit saint Chrysostome, garda la continence cinq cens ans durant, *considera quantæ fuerint virtutis in tantam temporis longitudinem concupiscentiæ rabiem refrænare, viamque longè diversam, ab aliis ingredi, nec solùm ab illicito coitu se cohibere, sed etiam à legitimo & inculpato.* Ce ne fut point par un vain desir de perpetuer son nom, ou sa famille que cet homme chaste songea au mariage, il s'y vid engagé par un ordre indispensable de la providence, qui vouloit que ce fût luy qui devint un second Pere du monde sauvé du naufrage : mais dans cet état il vécut si saintement avec son épouse, & il éleva sa famille & les trois enfans qu'il se contenta d'avoir, dans une telle pieté, qu'ils meriterent avec leurs femmes de se sauver du deluge universel qui n'épargna personne qu'eux.. *Docendo nos summam continentiæ illius magnitudinem tunc fuisse, cùm tantę intemperentię dediti essent omnes homines, tantaque salacitate omnes ætates, ut ita dicam, ad malum ruerent... quasi radicem aliquam & fermentum voluit justum illum superesse... tribus filiis contentus fuit, reipsa declarans hoc se fecisse, ut divinæ in humanum genus misericordiæ serviret.* Ainsi la pieté de ce grand Patriarche paroît d'autant

tant plus admirable, selon saint Augustin, qu'il fut seul incorruptible, au milieu de la corruption du monde entier ; religieux, au milieu des impies ; humble, parmi les superbes ; chaste, parmy les impudiques ; & que n'ayant aucun modele de vertu à imiter sur la terre, il se rendit un parfait modele de sainteté à tout le genre humain : *Ejus sanctitas eò magis est admirabilis, quò prorsus à justitia declinante mundo, solus justus inventus est, nec ab alio sanctitatis quæsivit exempla, sed ipse præbuit* : Noé cet homme juste, dit saint Basile, quoy qu'environné de ces détestables pecheurs, *cùm in illa pessimorum hominum colluvie versaretur*, ne demanda point à Dieu de l'ôter du milieu d'un tel égoust d'iniquité : infiniment plus loüable pour avoir sauvé son ame de ce naufrage spirituel, que pour avoir préservé son corps du deluge corporel : *In profundissimo vitiositatis pelago pietatem à tempestate incolumem conservavit.* Cependant le Seigneur ayant revelé à Noé que la fin du monde approchoit, que le deluge alloit détruire l'univers, & que le Ciel verseroit sur la terre, non des torrens de pluyes, mais des mers entieres d'eaux, pour abîmer les pecheurs, il luy commanda de bâtir une arche. A cet ordre, & à une telle menace, Noé tout effrayé se mit à prêcher la penitence, & par ses paroles & par la construction d'un ouvrage si surprenant : Voicy comme saint Paul s'en exprime : *Fide Noë responso accepto de iis, quæ adhuc non videbantur, metuens aptavit arcam, in salutem domus suæ, per quam damnavit mundum.* Cet Apôtre nous apprenant que Noé par cette double prédication qui retentissoit de toutes parts, condamnoit le mon-

*S. Aug. Epist. 142.*

*Constit. monast. c. 11. to. 2. p. 787.*

*Heb. 11. 7.*

de incredule, & impenitent : c'eſt par la foy, dit-il, que Noé divinement averti d'un ſi terrible châtiment, qui ne paroiſſoit pas encore, ſaiſi de crainte, prepara pour ſe ſauver avec toute ſa famille, une arche, par laquelle il condamna le monde qui ne vouloit pas croire une ſemblable prédiction, *per fidem condemnavit eos, qui tantæ fuerant incredulitatis, ut prędictioni non crederent*; & qui mépriſa ſes ſalutaires avis, auſſi bien que la conſtruction de cette même arche, que les impies regarderent comme une viſion chimerique, & comme l'entrepriſe d'un inſenſé. *Veriſimile eſt enim omnes illos ridere, reprehendere, ſubſannare, debacchari*, dit S. Chryſoſtome. Ces malheureux, également aveugles & endurcis, loin de profiter des menaçantes exhortations de ce grand Patriarche, ne voulurent ſonger à rien qu'à manger & à boire, qu'à acheter & à vendre, qu'à planter & à édifier, qu'à épouſer des femmes, & à marier des filles, & cela juſques au moment que Noé entra dans l'arche, ſans craindre & ſans avoir le moindre ſoupçon d'aucun deluge, qui neanmoins ſurvenant inopinément, les engloutit tous, ainſi que le Fils de Dieu, luy-même, le dit dans l'Evangile : *Sicut autem in diebus Noë.. ante diluvium, erant comedentes & bibentes, nubentes, & nuptui tradentes, uſque ad eum diem quo intravit Noë in arcam; & non cognoverunt donec venit diluvium, & tulit omnes.* Quel fut leur effroy, quand tout d'un coup aprés un ſon impetueux de vents & de nuées, qui pronoſtiquoient un horrible orage, ils virent les cataractes du Ciel s'ouvrir un chemin, & fondre ſur eux : les ſources immenſes qui coulent ſous la

S. Chryſ. ho. 25.

Math. 24. 37. Luc. 17. 26.

terre ſortir impetueuſement de leurs vaſtes reſervoirs, & ſe déborder à torrens au dehors : le grand abîme de l'Ocean rompre ſes digues, & couvrir encore une fois la ſurface de la terre : la maſſe de l'air, tant de celuy qui s'étend juſqu'à la moyenne region, que de celuy qui par ſa ſubtilité s'éleve plus haut dans des eſpaces infinis, ſe reſoudre, & ſe fondre en eau, & cauſer une inondation épouvantable : *ipſe aër quoque in humidam naturam converſus diluvii tempore creditur*, dit ſaint Auguſtin : Et un, mot quand ils ſe trouverent envelopez de toutes parts de cet impitoyable élement, qui les noyoit, & les enſeveliſſoit peſle-meſle ſous ſes flots, ſans que ny les lieux élevez, ny les plus hautes montagnes, puſſent leur être un azile aſſuré contre un tel deluge; quelle ſurpriſe ne fut pas la leur, quels cris ne jetterent-ils pas ? mais ſur tout quelle fut la conſternation, la rage & la fureur de ces ſuperbes geans, dont les pechez énormes avoient principalement attiré cette terrible punition ? *Totius orbis naufragium gigantum adduxit impietas :* De quel deſeſpoir ne furent-ils pas ſaiſis, quand ils virent qu'il faloit perir malgré leur grandeur, leur force, & leur courage, & qu'ils alloient être exterminez ſans reſſource ? l'Ecriture nous repreſente aſſez un ſpectacle ſi effrayant, lorſque nous ramenant à ce premier âge du monde, elle nous met devant les yeux une ſi étrange cataſtrophe par ces paroles : *Sed & ab initio cùm perirent ſuperbi illi gigantes.* Il ſemble qu'elle veuille encore nous faire entendre leurs hurlemens & leurs gemiſſemens ſous les eaux mêmes qui les couvrirent : quand elle ajoute : Voilà, dit-

*De Gen. ad lit. c. 2.*

*S. Hiero. ſupra.*

*Sap. 14. 6.*

Job. 26. 5. elle, que les geans gemissent sous les eaux : *Ecce gigantes gemunt sub aquis*. Ici qui n'admirera, avec saint Chrysostome, la misericorde infinie du Seigneur ! il avoit voulu que Noé prêchât pendant plus d'un siecle la penitence & la ruine prochaine du monde, & qu'il fit une arche, dont la construction durât aussi un siecle, & fût une autre espece de prédication non moins éclatante, & encore plus continuelle que la premiere : sans que cela pût rien obtenir de ces incredules & de
1. p. 1. 3. 20. ces amateurs du monde : *Qui increduli fuerunt aliquando in diebus Noë cùm fabricaretur arca*, dit l'Apôtre saint Pierre : ny que ce terme prescrit par la misericorde les intimidât : car si tant d'années ne devoient pas suffire à leur conversion, une plus grande prolongation n'eût
S. Chrys. hic. servi qu'à les rendre encore plus coupables : *Quid amplius proficerent, quàm quòd plura adjicerent peccata.* De plus Dieu ajoutant misericorde sur misericorde, ne voulut pas en un instant exterminer ces méchans. L'innondation gagna peu à peu, & la pluye dura quarante jours, afin que ces malheureux voyant insensiblement croître les eaux, levassent enfin les yeux au Ciel & recourussent à la penitence : *cùm uno momento posset, sed hoc dedita opera fecit : volens simul & timorem incutere, & occasionem præbere, qua poßent pœnam quæ jam in foribus esset effugere. Nam si voluisset ac imperasset, potuisset omnia in uno momento perdere : sed pro sua misericordia tanta dierum productione usus est.* Mais tout cela fut inutile : nous ne voyons point qu'ils ayent rentré en eux-mêmes, & le Prophete nous apprend que ces geans superbes, ces hommes fameux, ces grands guerriers ne se converti-

rent point, qu'ils ne s'humilierent point, & enfin que le Seigneur les abandonna, & qu'ils perirent dans leur obstination : *ibi fuerunt gigantes nominati illi, qui ab initio fuerunt statura magna, scientes bellum : non hos elegit Dominus, neque viam disciplinæ invenerunt, propterea perierunt, & quoniam non habuerunt sapientiam, interierunt propter suam insipientiam.* Le Sage ajoûte que dans cette déplorable extremité, ces grands criminels, ces superbes geans, n'eurent point recours à la priere, qu'ils ne s'humilierent point de leurs pechez, & que leur cœur indompté ne se fléchit point : *Non exoraverunt pro peccatis suis antiqui gigantes, qui destructi sunt confidentes suæ virtuti... Et execratus est eos pre superbia verbi illorum.*

Baruc 3. 15.

Eccli. 16. 8.

## QUATRIE'ME CONSIDERATION.

Que le souvenir de la vie & des vertus du bienheureux Patriarche Noé donné autrefois du Seigneur, pour être la consolation du monde affligé, & le restaurateur du genre humain, nous soit encore aujourd'huy dans le dernier âge du monde, ce qu'il a été dans le premier, puisque les mêmes pechez nous deshonorent, les mêmes calamitez nous accablent, les mêmes châtimens nous menacent. Fatiguez des mêmes travaux, cherchons en celuy dont Noé fut la figure, le doux repos signifié par son nom, aprés lequel nous soupirons, *ut dum Noë sanctum majore intentione consideramus, reficiamur & nos, sicut omne genus in illo requievit ab operibus suis atque mœstitia*, dit saint Ambroise, plein d'amertume pour les maux dont l'Eglise étoit

De Noë & arca. init.

pour lors affligée : il y a deja long temps qu'on nous preche inutilement la penitence, le débordement des vices comme une mer infinie commence à couvrir la terre, ſans que nôtre ame, ainſi que l'arche, s'éleve vers le Ciel : *exuberantibus vitiorum fontibus ſanctitas vicina cœlo portetur*, dit ſaint Auguſtin. L'univers eſt menacé d'un ſecond deluge incomparablement plus à craindre que le premier : la nacelle de l'Egliſe eſt deja conſtruite, elle ſe remplit tous le jours d'une famille éluë : le ſecond avenement du juſte Juge nous ſurprendra comme le premier ſurprit nos peres, *ſic erit adventus filii hominis* ; & comme le furent les habitans de ces Villes malheureuſes, qui perirent en un inſtant par un feu dévorant deſcendu du Ciel lorſqu'ils s'en défioient le moins, & que ſelon la parole du Sauveur, ils ne ſongeoient qu'à manger & à boire, qu'à vendre & à acheter, qu'à planter & à édifier, juſques au jour auquel Loth ſortit de Sodome, & que le Ciel fit deſcendre tout d'un coup ſur ces déteſtables pecheurs une pluye de feu & de ſouffre qui les brula tous : ainſi en ſera-t-il lors de l'avenement inopiné du juſte Juge. *Similiter ſicut factum eſt, in diebus Loth : edebant & bibebant, emebant & vendebant, plantabant & ædificabant : qua die*
Luc. 17. 2.. *autem exiit Loth à Sodomis, pluit ignem & ſulphur de Cœlo, & omnes perdidit : Secundùm hæc erit qua die filius hominis revelabitur.* Ce ſont les paroles de Jeſus-Chriſt même : & l'Apôtre ſaint Jude nous aſſure que l'embraſement de Sodome & de Gomorre, & des autres villes voiſines, que les flammes vengereſſes conſumerent loſqu'elles s'y attendoient le moins, eſt un exemple terrible qui

nous eſt propoſé de la peine éternelle reſervée aux pecheurs à la fin du monde : *Sicut Sodoma & Gomorrha & finitimæ civitates, ſimili modo exfornicatæ, factæ ſunt exemplum ignis ęterni pœnam ſuſtinentes.* Apprenons que cet Arc-en-Ciel, qui nous aſſure par ſa couleur azurée & ſombre, que Dieu ne punira plus les pecheurs par un deluge d'eau, nous menace par ſa couleur rouge & lumineuſe, qu'un jour il les brûlera par un deluge de feu, qui réduira l'univers en cendre, comme obſerve ſaint Gregoire : *In arcu eodem color aquę & ignis ſimul oſtenditur, quia ex parte eſt cœruleus, ex parte rubicundus, ut utriuſque judicii teſtis ſit, unius videlicet facti, & alterius faciendi.* Mes tres-chers freres, diſoit ſaint Auguſtin parlant à ſon peuple, quoyque je ſois un pecheur, je ne laiſſe pas à l'imitation du ſaint Patriarche Noé, de vous annoncer la ruine prochaine du monde, ainſi que fit autrefois cet admirable Prophete aux hommes qui vivoient de ſon temps : *Nam & nos & ſi peccatores, ad imitationem ſancti Noë annuntiamus vobis mundi futurum eſſe excidium :* Nous vous annonçons, comme fit Noé, un deluge prochain, un naufrage general de tout le genre humain, *annuntiamus ſicut Noë mundi futurum eſſe naufragium :* Nous exhortons tous les hommes, s'ils ne veulent tous perir ſans reſſource, de ſe refugier dans l'arche : *& ad hanc domum confugere omnes homines admonemus :* Le bois dont cette ancienne arche fut conſtruite nous eſt le Symbole de la Croix, par laquelle nous ſommes ſauvez, & l'arche elle-même eſt la figure de l'Egliſe, hors laquelle il n'y a point de ſalut : ne ſoyons pas auſſi inſenſez que les fabricateurs de cette

*Ho. 8. in Eze. fin.*

*Ser. 61. de temp.*

arche ancienne, lesquels n'y entrerent pas aprés l'avoir faite, & qui perirent avec ceux qui se mocquoient de ce qu'on la faisoit. Entrons pendant que nous en avons encore le temps dans cette arche nouvelle; écoutons le veritable Noé qui nous y invite sans cesse; & qui n'en a pas encore fermé la porte : que la separation qu'il nous faudra faire d'avec toutes les personnes les plus cheres, ne nous arrête point : n'attendons pas la fin du deluge pour faire à Dieu un Sacrifice de nos affections charnelles figurées par le sacrifice de ces animaux que Noé offrit au sortir de l'arche, qui ne perdirent point la vie comme tant d'autres venoient de faire pour satisfaire à la justice divine, & dont la mort ne merita pas le nom de Sacrifice, dit Saint Augustin, *ad Sacrificium Dei non pervenerunt* : Mais au contraire qui furent immolez pour l'appaiser, & offerts comme des hosties de misericorde, de propitiation, d'action de graces, & de reconciliation, & reçuës en odeur de suavité : Comprenons un si grand mystere : imitons une telle religion : écoutons une si haute prédication. A la verité nous ne lisons pas dans la Genese que Noé ait preché de vive voix, mais l'Apôtre saint Pierre nous l'apprend assez, quand il nous dit que
2. 2. 5. Dieu juste vengeur du crime des hommes, ne pardonna pas à l'ancien monde, *originali mundo non pepercit*, & qu'il ne fit grace qu'à Noé, le prédicateur de la justice, *justitiæ præconem*, lorsque le deluge alloit couvrir toute la terre, & submerger les impies amateurs du siecle présent, *diluvium mundo impiorum inducens.* Saint Paul nous donne aussi suffisamment à entendre cette verité, nous assu-

aſſurant que Noé ayant appris de Dieu même, que le monde alloit perir par le deluge, ſe mit tout effrayé à bâtir ſon arche, & fut la condamnation publique des incredules : *Metuens aptavit arcam per quam damnavit mundum*, comme obſerve ſaint Chryſoſtome, *in exemplum incredulitatis* : En effet la ſeule conſtruction de l'arche par elle-même n'eût voulu rien dire, ſi Noé n'eût expliqué les raiſons de ſon entrepriſe. De cette ſorte, s'il ne faiſoit pas toûjours retentir ſa voix, il parloit ſans ceſſe par ſes œuvres, dit ſaint Auguſtin : la langue ſe taiſoit ; mais la conſtruction de l'arche parloit, & étoit une prédication éclatante qui dura cent ans, & qui crioit aux hommes par un langage ſi ſurprenant & ſi nouveau, qu'ils ſongeaſſent à ſe procurer d'autres tabernacles que ceux qu'ils avoient juſques alors habité : *Noë prędicationis vocem in ſcripturis minimè eſſe deſcriptam : at ſi tacebat voce, opere loquebatur : ſilebat lingua, fabricatione clamabat per centum annos arca fabricata.* *Ibid.* Mais helas, ajoûte ailleurs le même ſaint Docteur, craignons qu'il ne nous arrive à la fin des temps, ce qui arriva au commencement des ſiecles : le deluge détruiſit bien le pecheur, mais il ne détruiſit pas le peché, *diluvium hominem delevit, crimen delere non potuit.* *L. 12. contra Fauſt. c. 18.* A peine les eaux du deluge s'étoient-elles retirées, qu'un des enfans de Noé tomba dans l'impieté, & fut maudit de ſon pere, qui prédit en luy la nation réprouvée dont il ſeroit le pere, & qui donnant ſa benediction à ſon autre fils pieux, & religieux, vid en eux la réprobation du peuple Juif d'un côté, & la vocation du peuple Gentil de l'autre ; myſtere qui devoit un jour *In Nat. Do. ſer. 17.*

s'accomplir en Jesus-Christ, attaché nud à l'arbre de la Croix, & qui figuroit que ce divin Sauveur, comme le vray Noé, enyvré d'amour pour l'Eglise, cette vigne mystique qu'il devoit planter & arroser de son sang, s'endormiroit dans le Tabernacle de sa chair mortelle, & découvriroit la honte de nôtre nature : Malheur au Juif, cet enfant impie & incredule, qui se mocquera de son pere assoupi sur la Croix, parce qu'il ne verra en luy que l'ignominie de l'humanité : il sera maudit par ce pere éveillé du tombeau, & le Gentil fidelle & respectueux, beny. *Ite nunc servi Cham, ite quibus viluit nudata caro ex qua nati estis : neque enim esset unde vos Christianos appellare possetis, nisi Christus bibisset calicem, & dormisset in passione, tanquam in ebrietate stultitiæ, quæ sapientior est hominibus : atque ita nudaretur mortalitas carnis ejus :* c'est ce que disoit saint Augustin aux Manichéens.

*L.12. contra Faust. c. 25.*

Pour revenir au saint Patriarche Noé, combien la foy, l'obeissance, l'esperance, la patience & toutes les autres vertus furent-elles admirables en luy ? au milieu des plus grandes angoisses, & des plus effroyables calamitez, qu'on puisse éprouver sur la terre, Dieu luy dit que la fin du monde approchoit ; qu'un deluge universel alloit noyer tout le genre humain ; qu'il prêchât la penitence, & qu'il fit pendant cent ans une arche pour se sauver du naufrage luy & sa famille : il crut des choses si extraordinaires, il obeit, il prêcha, il bâtit une arche, sans que les dérisions des impies, qui le traitoient d'insensé, l'en empêchassent, dit saint Chrysostome, sans que les hommes s'éveillassent du profond ſommeil où le vice & l'oubli de Dieu les tenoit enſevelis, ajoute ſaint Auguſtin : *Per centum annos arca ędificata eſt, & non evigilarunt homines; per centum annos arca fabricata eſt; prędicabatur utique eis ira Dei ventura ſuper eos.* Et l'Apôtre s'en explique en ces termes: *Fide Noe reſponſo accepto de his quę adhuc non videbantur, metuens aptavit arcam in ſalutem domus ſuæ, per quam damnavit mundum.*

*Ser. 120. de div. c. 20. & de Catec. rud. c. 19.*

*Heb. 11. 7.*

Il perdoit pour toûjours ſes parens, ſes amis, ſes maiſons, ſes richeſſes, ſa patrie, avec tout ce qu'il aimoit & qu'il avoit ſur la terre, & il en fit le ſacrifice parfait au Seigneur : *vir juſtus atque perfectus.* Il falloit s'empriſonner dans une arche obſcure, triſte d'elle-même, & de plus tres-incommode par la puanteur des animaux; entendre le bruit & le fracas horrible des vents, des pluyes & des orages, les clameurs des hommes & des bêtes qui periſſoient en mille manieres differentes, quel exercice de patience? *Poſt camporum amœnorum faciem anguſtiis ſe recluſit arca: tolerat cœli fremitum, ſonitum aquarum, fragorem nimborum, & poſt iſta omnia ſocius quodammodo efficitur ferarum.* C'eſt ſaint Auguſtin.

*Ser. 49. de temp.*

Des abîmes effroyables d'eau ſous ſes pieds ne l'étonnerent pas: la crainte des Jugemens de Dieu, & de ſe voir enveloppé luy-même dans un ſi terrible châtiment, peut-être pour quelques pechez ſecrets & cachez dont les conſciences les plus timorées, & les plus innocentes, ſont ſouvent agitées dans les perils, ne l'abattit pas, *metuens aptavit arcam.*

*Heb. 11. 7.*

L'incertitude ſur la durée de cette épouventable cataſtrophe dont le Seigneur ne luy avoit rien déclaré, ny ſa triſteſſe & ſa terreur de voir l'Univers ſubmergé,

& n'être plus qu'un globe immense d'eaux élevées de quinze coudées par dessus les plus hautes montagnes, sur lesquelles il voguoit, exposé à toute sorte de tempêtes, & renfermé dans un fragile vaisseau ; n'ébranlerent point sa constance, & n'affoiblirent point son courage, *exp:ctat & tolerat sanctus finem diluvii*, ajoûte saint Augustin.

Chargé de la consolation & de l'instruction de sa famille desolée, consternée, effrayée, & du soin de tant d'animaux renfermez avec luy, & mille autres semblables pensées dont son esprit étoit agité, ne servirent qu'à faire éclater davantage sa grandeur d'ame,
S. Chrys. *altitudinem mentis*, ainsi que saint Ambroise s'exprime, & l'intrepidité dont le Seigneur l'avoit revêtu : *Nec expavescit vir iste*, continuë le même Pere.

Combien donc a-t-il merité le bel éloge que le saint Esprit a fait de luy en ces termes : Noé trouvé juste & parfait : *Noe inventus est perfectus & justus*, devint au
Eccl. 44.17. temps de la colere un médiateur de reconciliation ; *& in tempore iracundiæ factus est reconciliatio.* Dieu conserva sa famille sur la terre pour repeupler le monde lorsqu'il envoya le deluge ; *ideò dimissum est reliquum cùm factum est diluvium* : Il a été le digne dépositaire de l'alliance faite avec l'homme, afin qu'à l'avenir toute chair ne pût être exterminée par le deluge. *Testamenta seculi posita sunt apud illum, ne deleri possit diluvio omnis terra* : & il doit être consideré comme l'Adam d'un autre genre humain, le pere d'une nouvelle posterité, & l'heritier
Hom. 26. de l'ancienne benediction, selon la pensée de saint Chrysostome : *Noé accepit benedictionem quam ante trans-*

*greſſionem acceperat Adam.* Pour moy, continuë le même Saint, je ne puis comprendre comment Noé ne mourut pas de douleur & d'ennuy lors qu'il repaſſoit dans ſon eſprit la perte entiere de tout le genre humain ; la triſte ſolitude où il ſe voyoit reduit, & la vie déſagréable qu'il luy falloit mener le reſte de ſes jours : *ego verò admiror quomodo præ triſtitia non fuerit abſorptus, cùm mentem illius ſubirent humani generis interitus, ſua ſolitudo & difficilis illa vita.* Hom. 26

Ajoûtez à cela ſon admirable reſignation ſur l'incertitude où il étoit de la durée du deluge, & de ſon emprisonnement dans cette arche : *Ignorabat quanto tempore ferenda in illo carcere converſatio :* Le bruit épouventable des vents impetueux, des flots, & des orages qui agitoient le vaiſſeau où il étoit embarqué, & l'inondation qui croiſſoit toûjours de moment en moment, & qui l'élevoit juſqu'à la moyenne region de l'air, ſans qu'il ſceût juſques où iroit un tel deluge, ny quand eſt-ce que la pluye ceſſeroit de tomber : *Strepitus aquarum, & æſtus, timorem in illo quotidiè creſcentem generabant,* ne l'étonnerent pas. Hom. 25. Ibi.

Admirez je vous prie, continuë ſaint Chryſoſtome, la fermeté d'eſprit & la magnanimité de ce grand Patriarche au milieu de tant d'angoiſſes ; admirez ſa foy, ſa force & ſa patience : *cogita juſti magnanimitatem & excellentem fortitudinem : juſtitiæ vigorem, fidei excellentiam, patientiam, & fortitudinem.* Mais quoy, la grace du Seigneur l'animoit, & le ſoutenoit ſi parfaitement, qu'il ne tomba jamais dans aucun abbatement : car, helas ! que peut faire l'homme, quelque fort qu'il ſoit, s'il n'eſt affermi par cette grace celeſte ? *Nam cooperatrix Dei gra-* Hom. 25. Ibi.

*tia roborabat illius alacritatem, neque ſinebat labi mentem & cogitare aliquid aut parum utile, aut minùs generoſum: neque enim poſſibile eſt bonum aliquod nos rectè agere, non habitâ ſupernâ gratiâ.* Mais reverez en luy l'excellence & la force de ſa priere, puiſqu'elle fut la figure de celle qui devoit un jour être accordée aux Miniſtres de J. C. qui gouverneroient l'Egliſe répreſentée par l'arche que gouvernoit Noé, ainſi que nous l'apprend S. Auguſtin ſur cet endroit d'Ezechiel, où Dieu paroiſſant extremement indigné contre les pechez des Juifs, proteſte que quand même Noé intercederoit pour eux, il ne s'appaiſeroit pas: *Videtur enim Noë pertinere ad eos per quos Eccleſia regitur, ſicut per illum in aquis arca gubernata eſt, quæ figuram geſtabat Eccleſię.* Dequoy nous avons en ſa vie un illuſtre exemple, lorſqu'au ſortir de l'arche, ayant offert un Sacrifice qui fut receu de Dieu en odeur de ſuavité, il obtint du Seigneur l'aſſurance & la promeſſe, qu'il ne détruiroit plus le genre humain par le deluge: *Ædificavit autem Noë altare Domino, & obtulit holocauſta ſuper altare, odoratuſque eſt Dominus odorem ſuavitatis, & ait: ecce ego ſtatuam pactum meum vobiſcum, & nequaquam ultra interficietur omnis caro aquis diluvii, neque erit deinceps diluvium diſſipans terram.*

Enfin ce qui met le comble à ſa vertu, c'eſt, dit ſaint Chryſoſtome, ſa rare continence, dans un temps, & dans des circonſtances où toutes choſes ſembloient devoir l'en éloigner: car quoy qu'il ait vêcu trois cens cinquante années aprés le deluge, on ne lit point, qu'il ait uſé du mariage, & l'Ecriture ne fait mention que de trois enfans qu'il avoit eu avant le deluge,

& que le Seigneur luy donna pour repeupler le genre humain : *Noe cùm tanta frueretur ubertate, & prosperitate, superviveretque tanto annorum numero, post egressum ab arca, noluit ultra indulgere filiorum procreationi : non enim commemorat scriptura illum alios præter tres istos habuisse pueros : illum igitur justum, obsecro, imitemur.* *Hom. 16.*

Au reste il est certain que l'Histoire du deluge, est tout ensemble & une verité & une figure : cette arche, selon l'Ecriture & les Peres, c'est l'Eglise hors laquelle on est perdu : Le bois dont elle étoit composée, c'est la Croix qui sauve le genre humain : La dérision des impies contre Noé, c'est cette mêmeCroix reputée folie par lesGentils, & scandale aux Juifs : L'eau qui noye les pecheurs, c'est leBaptême qui nous lave de nos pechez : L'arche élevée en haut, c'est nôtre ame élevée au Ciel par la grace du Baptême ; Noé, qui veut dire le Consolateur du genre humain, c'est Jesus-Christ le Reparateur & le Sauveur du monde : La famille de Noé, c'est l'assemblée des Fidelles : Ces animaux mondes & immondes renfermez dans l'arche, c'est le mélange des bons & des mauvais dans l'Eglise : La porte de l'arche, c'est le côté du Sauveur, ouvert à l'arbre de la Croix, d'où l'Eglise est sortie, & par où nous allons au Ciel : La colombe qui revient portant un rameau d'olivier & annonçant la fin du deluge, c'est le saint Esprit operant la parfaite reconciliation de l'homme avec Dieu : figures qui se trouvent si souvent dans les écrits des Saints, & les prieres de l'Eglise, qu'il seroit superflu d'en expliquer icy plus au long les circonstances, & d'en rapporter les autoritez.

F I N.

www.ingramcontent.com/pod-product-compliance
Ingram Content Group UK Ltd.
Pitfield, Milton Keynes, MK11 3LW, UK
UKHW020450180726
13839UKWH00004B/1752

9 782329 566832